AF366607

VEINTE LLANTOS Y UN LLORO

ExLibric

ALEKSANDAR VALERIEV GEORGIEV

VEINTE LLANTOS Y UN LLORO

EXLIBRIC

ANTEQUERA 2019

VEINTE LLANTOS Y UN LLORO
© Aleksandar Valeriev Georgiev
Diseño de portada: Dpto. de Diseño Gráfico Exlibric

Iª edición

© ExLibric, 2019.

Editado por: ExLibric
c/ Cueva de Viera, 2, Local 3
Centro Negocios CADI
29200 Antequera (Málaga)
Teléfono: 952 70 60 04
Fax: 952 84 55 03
Correo electrónico: exlibric@exlibric.com
Internet: www.exlibric.com

ISBN: 978-84-17845-12-4
Depósito Legal: MA-713-2019

Nota de la editorial: ExLibric pertenece a Innovación y Cualificación S. L.

ALEKSANDAR VALERIEV GEORGIEV

VEINTE LLANTOS Y UN LLORO

I

En ese ser que me atrae y sube a la cima,
esa persona que me mata su soledad,
está la luz de tu mirada, y cada mañana
al amanecer veo una oscuridad,
al ver tu mal de luz;
mis lágrimas de miel
gotean con el tono de tu voz,
aún sigues curando
las costuras de mi alma
tan herida por ti
y que frente a ti es feliz,
me hace falta de tu fuego
para vivir, aunque me queme.

II

Llorar por cada lágrima tuya,
reír por cada risa en ti,
te hace parecer parte de mí.
Siento tu alma en mi pecho
y mis manos en tu pelo
que me limpia el vacío,
mientras pienso en el silencio
que otorgo a tu amor,
siento callarme la vida
que me das, tan mía como tuya
tan triste como el ser que me corroe,
sin que tú quieras, pero por ti lloro
metido en paredes de cristal,
intento callar con papel.
Me haces néctar, denso como la miel
y no lloraré por no desperdiciar
lo que es tuyo, amor.
Muero por ti, y tú solo me quieres,
hallaré respuesta en tus labios
mientras les miro con haz en mano.

III

El vacío de mi corazón
llena el hambre de tu ser;
el tiempo decide todo lo que yo vivo.
Tanto caso te hago como tiempo tengo,
y es que soy quien te hace amar,
el que te hace vivir,
quien te manda a lo más prohibido
de mi corazón; ardes en el mar
de mi ser.
Soy esa noche que te quema.
Soy quien te ama, te hace llorar.
Soy el beso de tu piel que te hace olvidar,
soy tu vida prohibida.

IV

Pido tiempo a mis delirios
que limitan el esbozo de mi alma
en pensamientos lúgubres,
y una sombra blanca me imita,
y recalca la crítica de lo mediocre,
y refuerza una base culta,
alegremente vivo en la miseria
porque ya no te tengo,
pero ahora sé quién eres.
El tiempo hablará de nuestra pérdida,
no supiste valorar tanto como yo amar
y con tu velo negro, oliendo a rosas,
llorarás mi tumba, hallada en ti.
Mientras muero en tierra de nadie,
vienen cantos angelicales,
elevándome al jardín de los horrores,
forcejeo por mi vida
cayendo en el jardín de las delicias.

V

Quisiera sentir tus labios
dentro de mi corazón;
tenerte ganas y notarlo en tus ojos
envueltos de pudor;
con caricias entre sábanas
te acostumbras al roce de las piernas
que alivia tu estrés, logrando mirarme.
Sabes lo que sufro
viéndote con cualquiera;
ahógate en tus susurros
mientras gimes mi nombre,
estando con cualquiera.
Llórale a él, apóyate en él,
bésame a mí, excítate conmigo;
suplícame volver mientras te quiera,
mientras esté en la orilla de tu río
cuidando el fruto prohibido.

VI

Nada si no te tengo a ti,
infernal si no siento tu amor
es todo aquello el cual tengo.
Repito los ropajes que huelen a miel
siento tu amor, aunque ya no sea mutuo;
me regocijo en la chaqueta vaquera
después de la lluvia, huelo tu amor.
Me arrastro por el verde campo
recogiendo las negras flores
que emanan de tu dulce néctar;
sacrifico sudor y lágrimas
ganándome heridas sin cicatriz.
Interrumpen la estepa con una belleza atroz
nace un veneno infame y mortal,
que me hace saltar a un pozo sin fondo.
Qué mísera vida de incordios
donde nada me alegra y todo me hiere,
cuánto daño me has hecho al ver marchar mi sonrisa,
como te vi marchar a ti.
Ahora grito un eco que penetra en mí,
me hace volver a estar en blanco.

VII

Tiro agitando de rabia
la esencia que me atrapó
en tus brazos, vertientes de vapor.
Gritos desolados oyeron las paredes
que vieron nuestro amor,
lograron alcanzar un estruendo de placer
difuso entre miradas y hablares.
Atrapan en escombros mis pensamientos
atenuados entre copas de cristal
y escuchados solo por la piel que enfunda
la mirada de nácar, pura como el viento.
Me escupen miradas de desprecio,
vacíos cuyo fondo se esconden en el cielo,
sentimientos que no me enseñan
y cualquier otra persona disfruta
como flechas en arco. Sigo y sigo,
pero sin fin te cuento una historia
que comienza con una despedida
entre nosotros, cuerda atada, apretada
y adiós.

VIII

Adoro tus cantos
adornados con falacias,
proliferan en mí,
aireando mis venas,
pero saquean mi corazón robando tu altar,
me tomo con calma la tragedia sin temer el final de
la historia,
haciéndome morir.
Sin ser santa
añoras desde arriba
ser mortal para morir arañando
las paredes de los recuerdos
que causaron tu estancia,
y llevándote a la tumba
a un alma que, sin querer, mataste.

IX

Imagino mi universo paralelo
en una tormenta negra de lloros, sin ver
el alma que me acongoja, sin sentir
nada y lejos de ti, efímero,
mientras me levantan del cuello
despellejándome, me escupen lamentos
dejando desnuda mi alma corroída
sin esperanzas de vivir.
Como un náufrago consigo mismo,
retomo mi universo donde
tu belleza mortal como talón,
y un guía como Apolo
exprimen tu sangre que se inunda
en la tierra saciando sombras de cólera.
Sin volver a vivir
me ahorco bajo tierra rodeado
de mis ganas de vivir y tu presencia en mis gritos.

X

Agárrame con tus celos
haz saber que me quieres,
mátame a besos, libera mis heridas
y aletean moribundas entre el suelo.
Recrean nuestro amor que lo veo,
sin ver el efímero eco de sollozos
entre orilla y orilla.
Mi amor cabalga frente al mar,
buscando una sirena varada
en un vacío, practica un eco
que inunda el corazón con gritos,
calma la soledad con esperanza,
entristece tu cuerpo, que vacía el alma.

XI

Llama a mis heridas, quiero sentirlas,
grítame, quiero oírte, arrodíllate,
te meteré una daga de pecho a cuello,
intentaré levantar el alma,
¡Qué triste me hace vivir!
¿Qué otra intención iba a tener,
sino la de quererte? Moribundo
habré esperado que estés a mi lado,
juntos, para siempre y contra todo.
Mejor poner puntos suspensivos
a una historia que termina,
por si acaso.

XII

Cansado de esperar
el viaje en una noria,
que sin cumbre
veo toda una vida
y por qué no a tu lado.
La difusa realidad
nos tienta a provocar
un ruido que te aleja,
mientras disfrutas
del ocaso anochecer,
alentas a vivir
a una sombra en desamor
que libre decide
sufrir una vida a tu lado
sin poder compartirla,
cansado de morir.

XIII

Llámame para saber quién eres;
en ti me reflejo, en mí se reflejan
tus ideas lúcidas, el rápido movimiento
de tus respiros al gritar y un compás único,
solo tuyo, y me dejas manejarlo,
haciendo explotar tus emociones
en risas y llantos difusos en las miradas.
Mi cálido amor lo borras al hablar
de mi frío carácter, y quién
me pregunta a mí qué siento por ti,
quién te pregunta qué sientes por mí,
solo lo sé yo y lo reflejas
con huidas eternas, lejos de mí
para no verme...
¿Qué es el amor si solo te veo
cuando te alejas de mí?

XIV

El arte de querer necesita de ti
para saber qué no hacer,
quererte sin tu mirada
fijada en mi alma, dulce por ti.
Sentir un vacío humano, que nada
más que tu mirada podrá rebosar
y cosquillas que siento al tenerte
en mi pensar sin que tú me hables.
Qué triste es morir sin ti,
más triste es morir por ti
aunque feliz estaré, dispuesto,
viéndote a ti feliz, que me da la vida,
aunque a ti te la de yo.

XV

Libre delirio de mis suspiros
en tierra de nadie florece mi alma,
dulces pensares me atormentan.
Tanto te quiero que no te hablo,
negras palabras emanan de tu odio.
Laurel negro de hojas rojas
florece en tierra de nadie.
Ahora todo se centra en él,
que no es tuyo.
Iluso, que creí tener cariño.
Ahora que no tengo nada,
nadie me habla por estar solo
y todo lo quiero por ser libre.

XVI

Para de dañarme,
sé que no estás
y lo noto en mis lloros.
Deja de mirarme
si no me quieres
y ojalá hablarte
olvidando las heridas
matándome a sonrisas.
Me rompe
al no sentirte
en la luz de mis ojos,
hierve mi ira
al verte fallecida
en la oscuridad
de otra alma.

XVII

Sufro en voz de mis pensares
el alma que me aterra.
Grito por verte llorar
al sufrir tu pesar en mi voz,
relatando triste y con rencor
el fin de una estela, negra,
y por más que no quiera
íntimo en ti viéndome feliz.
Me aterra un mañana opaco
sin ver un principio
que ni sé cómo olvidarte,
en heridas aún te siento.
Caí de ti, odiando tus besos,
viendo mi castigo en hablares
que me pesan,
terminó conmigo, en la otra orilla
y detrás de mí el opaco anochecer.

XVIII

Te quiero infinidad de veces,
entusiasmado por el peso fugaz, creando
odio inmenso en mi querer y tu risa
dada a quien corre, por desgracia;
irritado, sollozo vagabundo por las calles,
ostentando el peso de mi alma,
queriendo un saludo y me gano el adiós.
Difuso en blanco admiro un sueño
libre, tenaz, raudo, por desgracia,
no me ves ni en tú última pregunta:
"sí, desde siempre".

XIX

Imagínate que es de cobardes
dejar todo de lado, poner fin
a una vida de alegría, aunque no hay qué,
si me rodea algo anormal y sordo.
No hay vivir si asco y odio es diario,
qué importa esto si vivo y hago todo
con el fin de no criticarme.
Es así, acéptalo.
Dejar de llorar, parar de rabiar,
ver un fin y empezar de verdad
algo vivo, único y eterno,
sin nada de esto y con todo incluido,
es más útil dejar de tener asco
que vivirlo, imagínatelo.

XX

Fielmente te encontré
logrando verte el alma
en el nácar de tus ojos.
Preso en ti
logré el amor
liberando mi soledad,
me encadenaste en la lujuria
desterrándome del resto
cobijado en ti.
Aúllo en la noche
por saber que eres mía.
Maldito amor
que aparenta felicidad,
vivo de ti y por ti,
logrando atraparme.

XXI

Quisiera regalarte una luna a mi lado,
y poder besarte bajo mi regalo.
Pudiera amarte, tenerte, sonreírte
bajo su presencia,
aquel reflejo que te iluminará... ¡Qué bonita te haría!
Jugaría con la luz por verte en mi regalo,
aun estando tan lejos y no poder tocarlo,
volaría por verte soñando.
Sabrías que no es tuya, ni mía,
pero tan feliz me haría
que jamás pensaría en otorgar en mano
lo que un día te haría faltar en el lago,
velará por tal belleza, buen ciego yo sería.
No vi un solo reflejo en mí
y por ello no te daría
ni un destello de aquello por lo que reías,
por ver en luz ese amante
al que despreciaste y humillaste.
Erguido ando con cabeza en alto,
por morir callando mi amor
orgulloso estoy
de poder ser yo, sabiendo cómo eres tú.